CUALQUIER PARECIDO ES MERA COINCIDENCIA

Tradición Oral Colombiana

Carmen Cecilia Díaz de Almeida

Portada: Maestro Gonzalo Rey Jerez. **Caricaturas:** Diego Peña. Primera Edición Impresa 1999, Colombia. Primera Edición en Amazon 2011, Estados Unidos. Derechos reservados de la autora. Copyright ©1999

CARMEN CECILIA DIAZ DE ALMEIDA

Autora, Investigadora y artista colombiana.
Promotora de la Tradición y Cultura colombiana
Ha publicado 36 libros de cultura, tradición y sabiduría popular colombiana.
Reconocida por la UNESCO y la Gobernación de Santander, por sus aportes e investigaciones para conservar y transmitir la tradición oral, sabiduría y folclor colombiano, despertando el sentimiento de identidad, continuidad y así promover el respeto a la diversidad cultural y creatividad humana.
Intelectual comprometida con la Docencia-Educación y la Investigación de la Tradición Oral y Cultura en la región de Piedecuesta, Santander. Asesora en Universidades, Conferencista y Radio-locutora.
Realizó estudios profesionales de Historia de Colombia en la Universidad Industrial de Santander UIS, de Filosofía y Letras en la Universidad de Santo Tomás de Aquino, de Español y de Literatura en la Universidad de Pamplona. Hizo sus estudios primarios y secundarios en el Colegio de La Presentación de Piedecuesta y en la Escuela Normal Superior de Bucaramanga, allí obtuvo el título de Maestra Superior. Está casada y tiene dos hijos.

Colección Tradición Oral Colombiana:
A calzón quitao (1992)
Los pregones de mi pueblo (1994)
El Trabalengüero (1997)
Cuentos de miedo (1998)
Cualquier parecido es mera coincidencia (1999)
Creencias y costumbres de mi pueblo (2001)
Refranes, coplas y adivinanzas para niños (2016)
Más decires de mi pueblo (2017)
Cuentos de Miedo – Spanish/English Version (2017)
El cuaderno viajero (2018)

Sabiduría Popular Colombiana:
Secretos caseros de nuestras abuelas (1990)
Piedecuesta, Mi patria Chica (1995)
Bucaramanga, señorial y bella (1995)

El trajín de la crianza (2000)
Creencias y costumbres de mi pueblo (2001)
Escritores de la Villa de San Carlos del Pie de la Cuesta (2003)
Santander (2004)
Recuerdos de mecedora (2008)
Escuela de economía doméstica (2018)

Colección Vivencias:
Los sentimientos no se compran en la tienda (2003)
Mensajes para fechas especiales (2004)
Sentir, asombrarse y vivir (2005)
Trocitos de paz (2005)
Las siete gracias de la felicidad (2010)
El poder del pero (2011)
Retratos de muchas Infancias (2020)

Colección de Cívica y Urbanidad:
El señorío se aprende en Casa. Civismo, buenas costumbres y etiqueta (2008)

Colección Poemas:
A través de la luz (2002)

Colección de cuentos:
El espantapájaros que tenía corazón (2003)

Libros publicados por la Editorial San Pablo:
Refranes y otras cosas de la ilustre Villa del Garrote (1984)
Comunícate (1992)
Secretos manuales para embellecer el hogar (2001)
Cuentos para niños de 1 a 100 años (2005)
No pierda el impulso (2005)
Un mensaje para mí (2006)

Dedicatoria

A Hernando Salazar y a Rosalba Díaz de Salazar

Contenido

DIOS ES TAN BUENO COMO EL PAN...

PROLOGO

En términos de Antropología cultural, lo que perdura constituye la tradición. La narrativa oral es una parte vital del patrimonio de la humanidad y continuará conservando el carácter de trasmisora de cultura, razón primaria de su existir.

Se afirma que las palabras son el aliento y éste constituye la respiración, fundamento de la vida. Cada palabra lleva un alma y la suma de palabras es una suma de almas, según versión de la cultura árabe.

De este modo, una simple conversación es una transmisión de vida de un interlocutor a otro, ya que cada palabra es la expresión del pensamiento, del querer comunicar algo, que es íntimo y muy personal para vivenciarlo y disfrutarlo con otra persona que seguramente se acercará a esa intimidad y a esa experiencia. La palabra es magia y su fuerza depende de su condición oral, pues ésta le ha permitido sobrevivir al paso del tiempo y cada pueblo debe conceder vital importancia a su conservación.

Nuestros antepasados mucho antes de proliferar los medios masivos de comunicación, se reunían en torno a la mesa familiar, a la hoguera del patio y bajo la luz titilante de la luna y las sombras alcahuetas de la noche a narrar a través de una compleja y hermosa simbología los vericuetos de la vida diaria sintetizando en una analogía, un refrán o un dicho todo un saber pragmático de la existencia humana.

Evidentemente, si la palabra es vida y lleva vida, sería de gran importancia rescatar todas aquellas voces que constituyen la historia de nuestros pueblos, el verdadero sentido de la vida, el relato campesino que de boca en boca llega hasta el límite de la civilización tecnológica, so pena de perderse en el laberinto mitológico de las grandes ciudades.

Rescatar ese tesoro oculto, pero lleno de enseñanzas, de vida activa es la labor encomiable de Carmen Cecilia Díaz de Almeida, porque vio apremiante la necesidad de que alguien tomara como propio el problema del olvido de la cultura oral.

Hermosa tarea que estaba en mora de realizarse cuya redención o rescate nacionalista, recupera tantas joyas abandonadas y que como el oro indiano, al decir de Julio Cortázar, se trocaron por cuentas de vidrio.

Germán Gómez Monsalve

INTRODUCCION

El fruto sólo cae del árbol cuando está maduro como esta creación de boca en boca, para que un día abonado con el sabor de la tierra, viera la luz. Empieza ahora a andar por el mundo, propiciará encuentros, vivirá recuerdos y acrecentará el valor de lo propio.

Este libro está hecho de habla, con su grandeza y su sencillez. En cada hoja encontrarán expresiones populares acompañadas de caricaturas, en las que a manera de analogías, se hallan estampadas: alegrías, tristezas, ironías, indirectas, expresadas en forma rápida y con su respectiva explicación. Tienen la originalidad característica de pueblo que le imprime el inconfundible sello criollo.

Las expresiones compiladas en esta obra fueron obtenidas mediante la relación directa de ciudadanos oriundos o residentes en la región de Santander. Se agradece su aporte y testifico la importancia de esta parte del saber popular que ha llegado hasta hoy por medio de la tradición oral.

Nunca es tarde para hallar raíces, coloquémosle cariño a cada vivencia que despierte este contenido, afinquemos el amor a la tierra y así lo aprenderán las generaciones nuevas para que este saber sea inolvidable.

La analogía es propia de las formas elementales de la comunicación porque es la primera manifestación del aprendizaje de la expresión. Es una asociación que complementa las tres formas de comunicación verbal, simbólica y gráfica. Ella es al igual que la fábula o la parábola, muy gráfica pero más sintetizada. La analogía no es exacta, pero sí muy útil y requerida en los pueblos en el hacer cotidiano, pueblos que necesitan comunicarse rápido y en forma efectiva.

CAMINA a PASO DE MORROCOY...

La analogía va de un lado a otro como fuente de comparación. Aquí se estudia cómo piensa el pueblo y así aprende con facilidad, ya que la imaginación juega un papel muy importante y sus múltiples aplicaciones en la publicidad, teatro, y comunicación, así lo demuestran.

El lenguaje de uso diario, es común, normas válidas para la comunidad lingüística y su mundo social. En el lenguaje corriente, los sonidos pueden sobrepasar lo meramente físico en ellos y adquirir un contenido semántico. Lo esencial de la palabra en la lengua usual, es en general su intencionalidad, de acuerdo con la cual ellas mismas desaparecen, para hacer aparecer en su lugar las cosas que nombran: la casa, el ave, la mesa, etc.; o para poner de presente los pensamientos que formulan, los sentimientos que manifiestan o las promesas que se hacen.

El pueblo ha ido sacando de sus experiencias, expresiones llenas de sabiduría, aplicables a diferentes circunstancias de la vida. Y esa experiencia hecha palabra, es la que ha quedado plasmada en este contenido.

CUALQUIER PARECIDO ES MERA COINCIDENCIA

Tradición oral Colombiana

CUATRO OJOS VEN MAS QUE DOS...

El hombre llega al conocimiento a través de las analogías que consisten en comparar lo semejante con lo semejante y así logra ampliar su contexto lexical y cultural.

La analogía en diversas significaciones permite elaborar un sinnúmero de comparaciones que hacen más fácil el entendimiento y conllevan a una interpretación de la vida y sus circunstancias de una manera fácil, lógica y con un alto grado de comprensión, aun para las personas de niveles intelectuales elementales.

El hombre utiliza las vivencias de la naturaleza y las traduce a códigos inteligibles, creando modelos de comportamiento en cada una de las actividades humanas que tratadas de otra manera resultarían muy complejas e incomprensibles.

Nuestro cerebro comparado con la mejor de las computadoras, utiliza al igual que ésta, el suministro de información basada en el tratamiento binario y esta asociación discriminatoria, permite darle a la analogía su verdadero sentido con relación a conocimiento. Lo anterior conlleva a establecer razonamientos lógicos de antonimia, sinonimia, causa: efecto; mayor: menor; falso: verdadero; simple: complejo; y muchas interrelaciones más, sustentadas en la comparación de términos conocidos asociados a un nuevo campo semántico de términos desconocidos, pero conectados por su aparente analogía.

Esta aparente analogía conlleva también un sinnúmero de interpretaciones ya que la analogía en sí potencialmente error, delirio, locura, razonamiento, invención, hasta llegar a la expresión poética de la idiosincrasia de una cultura.

La analogía puesta en práctica necesita ser comprobada mediante la suma de experiencias de los usuarios de la misma, que le darán su verdadera dimensión de aceptación o de rechazo absoluto, incluso a nivel científico. Se encuentran numerosos ejemplos en los dichos populares y en la comparación de comportamientos de aceptación o de rechazo, organización social, evolución, cambios genéticos, etc., que han permitido al hombre mejorar su bienestar en todos los niveles.

Más Limpio que Talón
de Lavandera...

Rehabilitada la analogía como método del conocimiento, se puede también rehabilitar en su dimensión estética a través de la metáfora. Esta resulta a menudo un modo efectivo y concreto de expresión y comprensión. La metáfora poetiza lo cotidiano, ya que deja de un lado su dimensión denotativa, para transportar el pensamiento hacia interpretaciones ennoblecidas o envilecidas en una nueva dimensión connotativa, resultado de las vivencias analógicas, que despiertan sus dimensiones semánticas y pragmáticas, ya que allí en el espíritu poético vive en plena libertad.

Entonces surge la inquietante interrogación: ¿Cómo logramos el proceso comprensión-explicación? La comprensión es el conocimiento que aprehende el sujeto por representación concreta o por analogía.

De esta manera, la representación es comprensible, pues genera un conocimiento en el acto mismo, que hace surgir una analogía del fenómeno percibido. (Dormir genera descanso, recuperación, vida, etc.). La comprensión siempre comporta una proyección (de uno hacia los demás) y una identificación (de lo que sienten los demás por proyección de lo que sentiríamos en parecida circunstancia (amor, odio, compasión, engaño, sabiduría, etc.).
La vida nos llena de ejemplos: jugamos como padres e hijos, asumimos roles que han sido vivenciados a través del ejemplo, la convivencia, el conocimiento y actuamos como mimos en una función interminable de roles.

La mimesis, esa gran capacidad humana de adaptación permite vivenciar las experiencias del imitado, ya que el imitador penetra en su espíritu y toma como suyo lo que pertenece al otro. Su explicación lógica conlleva a la penetración de los vericuetos que explicaran como reales las vivencias de sueños e imitaciones.

Esta explicación nos obliga a realizar procesos de comprender la comprensión, tan vasta como el propio conocimiento, pues todo lo que procede como analogía y representación, es de naturaleza comprensiva. La vida diaria funciona en relación dialógica de comprensión-explicación.

Se dice entonces, que la comprensión es un modo fundamental de conocimiento antroposocial. Este es el conocimiento que hace que un sujeto sea inteligible, no sólo para otro sujeto, sino también por aquello que resulta subjetivo y afectivo. Sí, porque al actuar el factor connotativo, surgen infinidad de posibilidades de error, como podría ocurrir al comprender o interpretar acontecimientos personales o locales, ritos, mitos y leyendas de validez para una determinada cultura, pero incomprensible en su dimensión semántica o pragmática en otras culturas e incluso en otras circunstancias.

No hay comprensión sin explicación, y en la vida práctica fusionamos los dos términos, para adquirir conocimientos por medio de analogías de carácter animista. Sin embargo, como enseñanza debemos reversar la comprensión, no sólo al entorno subjetivo o afectivo, sino ampliarlo a todo aquello que nos acerca a lo objetivo o analítico, para que el hombre encuentre el verdadero control y los complementos de un auténtico proceso cognoscitivo. Las siguientes son expresiones populares:

Dinero y riquezas

a la envidia la pintan pálida, flaca, ojerosa, descarnada,
con hiel en las venas y
veneno en el corazón...

LE CAYÓ COMO PEDRADA
EN OJO TUERTO...

"Buen cobrador, mal pagador". Con esta expresión se zahiere a las personas que suelen cobrar pero que no cumplen con sus compromisos adquiridos.

"De nada sirve ganar, si no se sabe gastar". El arte de saber gastar es uno de los secretos de la abundancia.

"El pobre y el cardenal, todos van por un igual". Hay condiciones que comparten todas las personas sin distingos de ninguna clase.

"Está como un lulo". Significa que tiene mucho dinero o está muy simpático.

"Está más enculebrado que si Dios quiere". Significa que tiene muchas deudas.

"Está más limpio que el corazón de un angelito". Se aplica a las personas que se hallan en estado de total iliquidez.

"Está más limpio que una patena". Quiere decir que se halla en estado de pobreza absoluta.

"Estira más una cauchera de alambre". Indirecta para satirizar a una persona muy tacaña.

"Gasta más un pensionado a fin de mes". Dícese de la suma austeridad que debe afrontar un pensionado oficial para que su mesada le alcance.

"Lo hace con alas de cucaracha". Cualidad que tienen algunas personas para hacer rendir el dinero.

"Mala siembra, mala siega". Es difícil arreglar ciertas cosas, cuando se han iniciado mal.

"Más arrancado que las mangas de un chaleco". Hace alusión a las personas que carecen de todo.

"Más conocida que la pobreza". Dícese de alguien que está plenamente identificado.

"Más colgado que el matacho del roble". Significa que está abocado a un estado de precariedad extrema.

"Más creído que perro de rico". Indirecta para las personas que se ufanan de sus posiciones destacadas.

"Más da el duro que el desnudo". A veces la gente que parece mezquina, da con generosidad.

"Más huidizo que un deudor moroso". Esquivar a los acreedores, supone el temor a un posible cobro y no tener con qué responder.

"Más largo que esperanza de pobre". Explica que la pobreza es limitante para la consecución de muchas metas.

"Más pelao que pepa de guama". Dícese de la persona que está muy pobre.

"Más pobre que San Lázaro". Se utiliza para significar que está muy necesitado.

"Más tiene el rico cuando empobrece, que el pobre cuando enriquece". El rico sabe qué es poseer, mientras que el pobre cuando adquiere fortuna, no siempre la hace prosperar, sino que la malbarata.

"Más vale acostarse sin cenar, que levantarse con deuda". Aconseja ser muy austero para no endeudarse.

"Más vale algo que nada". Los pequeños detalles no se pueden menospreciar.

"Más vale fortuna en tierra, que bonanza por la mar". Encarece los riesgos de cualquier actividad que no se efectúe con las debidas medidas de seguridad.

CADA CUAL COMO DIOS LO HIZO
LA BARRIGA PANDA Y LA COLA
LISA.

"Más vale saber que haber". Aconseja apreciar más la sabiduría que a la riqueza.

"Más vale saber que tener". Reafirma la tesis: que los conocimientos son más importantes que los haberes.

"Más varado que corcho en un remolino". Dícese de la persona que de ninguna manera consigue trabajo.

"Más vale fortuna en tierra, que bonanza por la mar". Encarece los riesgos de cualquier actividad que no se efectúe con las debidas medidas de seguridad.

"Me dejó como talón de lavandera". Explica el estado de completa iliquidez en que han dejado a una persona, es decir, limpio.

"Rico con rico, se rascan el pico". En igualdad de condiciones es más apropiado hallar correspondencia y satisfacción.

"Se recuesta en mí, como borracho en mostrador". Expresión que satiriza a los hombres despreocupados por aportar económicamente al hogar.

"Si el corazón fuera de acero, no lo vencería el dinero". Explica la dificultad que hay para resistir a las tentaciones de la codicia.

"Ternero de rico o hijo de pobre, no mueren". Las personas favorecidas por la fortuna nunca pierden, mientras que las pobres son resistentes.

"Tiene más cuentas que un rosario". Dícese de las personas que han adquirido muchas deudas.

"Toca como si fuera a cobrar herencia". Aplícase a las personas que tocan a la puerta desesperadamente.

"Tres majaderos conozco, a cuál de los tres peor: el que presta su dinero, el que vende siempre al fiado o el que sirve de fiador". Sobran explicaciones.

Edad y sabiduría

"A veces la vida es tan corta, que parece un soplo". Cuando la existencia transcurre sin muchos sinsabores, no se siente el paso de los años.

"Cuánto más viejo, más pendejo". Dicen que la vejez no llega sola. Sería maravilloso que la experiencia y la sabiduría adquiridas durante la vida, nos acompañarán siempre.

"Entre más viejo, más chocho". La vejez llega generalmente acompañada de achaques y dolencias, algunas veces se hace llevadera, otras insoportable cuando se carece de amor y paciencia para con personas que merecen toda consideración y respeto.

"Es más viejo que los años de la mazamorra". Es muy viejo.

"Más arrugada que una vejiga pinchada". Expresión que explica la actitud de una persona que no reacciona bajo ninguna circunstancia.

"Más arrugado que un higo seco". Es una indirecta para enfatizar la vejez y la actitud de las personas frente a situaciones.

"Más arrugado que pescuezo de morrocoy". Expresión que expresa el estado de envejecimiento en que se halla una persona y su actitud frente a circunstancias de la vida.

"Más viejo que el candado del cementerio". Expresión un poco despectiva para significar que algo está muy viejo.

"Más viejo que la moda de andar a pie". Pondera la antigüedad de una costumbre, comparada con otra.

"Más viejo que Matusalén". Indirecta para alguien o algo que tiene muchos años.

CARA DE BEATO
UÑAS DE GATO...

"Sabe más el diablo por lo viejo que por lo diablo". Pondera el valor de la sabiduría que da la experiencia.

"Sabe más una gallina de freno". Dícese de las personas que ignoran el oficio que deben desempeñar.

"Son como la jirafa, mucho cuerpo y poca cabeza". Indirecta para las personas que son poco hábiles para reflexionar.

Consejos

"Buena cautela, iguala buen consejo". Recomienda prever daños que le puedan sobrevenir.

"Cuatro ojos ven más que dos". Cuando se realice alguna actividad de cuidado, se deben compartir responsabilidades para que los logros tengan el sello de la eficiencia.

"Cuentas claras hacen buenos amigos". Cuando la amistad es sincera, los negocios deben realizarse en forma estricta.

"Lo más acordado, más olvidado". Sucede con alguna frecuencia, que se olvida lo que más se recomienda.

"Lo malo no está en el uso, sino en el abuso". Siempre los excesos traen funestas consecuencias.

"Lo poco agrada, lo mucho enfada". Los detalles sencillos son más apreciados que los obsequios ostentosos.

"Más vale caer que quedar colgando". Los problemas se deben afrontar inmediatamente.

Color De BUrro en cArrera...

"Más vale llegar a tiempo, que ser convidado". Las oportunidades son escasas, es mejor aprovecharlas.

"Más vale malo conocido, que bueno por conocer". Es preferible quedarse con lo conocido, porque lo desconocido encierra incertidumbre.

"Más vale maña que fuerza". Aconseja hacer uso de la inteligencia para conseguir objetivos.

"Más vale prevenir que tener que lamentar". La prudencia trae felicidad y por lo tanto evita remordimientos.

"Más vale rostro bermejo que corazón negro". Más vale sentir rubor al contar nuestras penas, que sufrir por falta de apoyo y comunicación.

"Más vale caer en gracia, que ser gracioso". Manejando con cautela las relaciones humanas, se vive más armónicamente con nuestro entorno.

"Más vale caer que quedar colgando". Los problemas se deben afrontar inmediatamente.

"Suben como palmas y caen como cocos". Advierte el peligro de tener caídas y desilusiones, cuando las bases no son fuertes.

De Amor y Amistad

más fácil sacarle capul
a una calavera....

"Acosa más que novia embarazada". Sugiere la premura que implica esta circunstancia.

"Amor de padre o de madre, lo demás es aire". La experiencia confirma este decir popular.

"Amor sin beso, es como chocolate sin queso". El amor sin caricias, es desabrido.

"Cuanta más amistad, más claridad". La lealtad y la franqueza son cualidades fundamentales en una amistad verdadera.

"Dios es tan bueno como el pan". Dios es magnánimo y en todo momento nos protege.

"Es más pesado que matrimonio obligado". Explican cuán difíciles son algunas circunstancias de la vida.

"Es como corazón de alverja en bollo". Dícese de las personas o circunstancias, muy vistosas, provocativas y apetecidas. (Bollo: hayaco de harina de maíz, comida típica colombiana).

"Es más difícil que barrer una escalera de para arriba". Existen dificultades casi imposibles de solucionar.

"Es más difícil que coger gárgaras boca abajo". Hay metas que se tornan muy difíciles de alcanzar.

"Es más difícil que manear una vaca recién parida". Esta expresión grafica la dificultad que implica, conseguir algunos objetivos.

"Es más difícil que matar un burro a pellizcos". En la vida hay objetivos muy difíciles de alcanzar.

"Es más difícil que matar un gato a consejos". Indirecta que expresa la imposibilidad de conseguir algo.

"Es más fácil que pelar mandarinas". Dícese de algo que cuesta poco esfuerzo.

"Es más difícil que pellizcar un espejo". Existen objetivos que se consideran inalcanzables.

"Es más duro que el corazón de un hicaco". Dícese de las personas muy tacañas.

"Es más fácil conquistar que conservar". Lo desconocido tiene un encanto muy especial de por sí, mientras que conservar algo, implica constancia y dedicación.

"Están al partir de un bollo". Significa que son amigos.

"Está tal para cual". Las personas según sus costumbres y aficiones, comparten muy bien.

"Es tan franco que no tiene pelos en la lengua". Aplícase a la persona muy sincera, honesta.

"Es tan torpe, que parece cerrado, trancado y con la llave perdida en un pajar". Satiriza a las personas que tienen poca habilidad para reflexionar y abrirse a las nuevas circunstancias.

"Lo conozco como a la palma de mi mano". Significa que conoce mucho a una persona.

"Lo quiere más que si lo hubiera parido". Lo ama tanto como a un hijo.

"Lo quiere tanto como el gato a los tomates". Significa que no lo quiere.

"Ira de hermanos, ira de diablos". Indica que son peores los efectos de la ira entre parientes y amigos.

"Más caliente que lengua de suegra". Dícese de las personas efusivas; sin embargo, las suegras cargan con muchas culpas injustamente.

ES más útil que TIMBRE en
UN CEMENTERIO...

MÁS DIFÍCIL QUE COJER gárgaras BOCA ABAJO

"*Más consentido que mozo de guisandera*". Las personas consienten a sus preferidos.

"*Más fingido que pésame de enemigo*". La gente falsa puede disimular sus sentimientos e intenciones.

"*Más hiere mala palabra, que espada afilada*". Explica que una ofensa causa más daños que el acero.

"*Más pegado al amor que mosca en telaraña*". Dícese de la persona muy enamorada.

"*Más tocada que el Himno Nacional*". Dícese de la mujer que se permite toda clase de caricias.

"*Más tragado que las medias de un recluta*". Quiere decir que está muy enamorado.

"*Más vale vestir Santos, que desvestir borrachos*". Es preferible quedarse soltera que compartir la vida con un hombre vicioso.

"*Más vale enemigo indiscreto que amigo necio*". Enfatiza el verdadero sentido de la amistad.

"*Más vale andar solo que mal acompañado*". Las malas compañías no reportan beneficios, porque el que anda entre la miel algo se le pega.

"*Más vale año tardío, que vacío*". Da a entender que vale la pena esperar, con tal de conseguir algo.

"*Más vale ardor en cara, y no dolor en el corazón*". Es mejor corregir a tiempo porque de lo contrario se afrontarán muchos sinsabores.

"*Más vale dejarle en la muerte al enemigo, que pedir en la vida al amigo*". Aconseja ser metódico para evitar el bochorno de pedir al amigo.

Como Canta EL cuRa
responde EL Sacristán...

MÁS DIFÍCIL QUE COJER
GÁRGARAS BOCA ABAJO

"Más vale malo conocido, que bueno por conocer". Es preferible quedarse con lo conocido, porque lo desconocido encierra incertidumbre.

"Mujer pecosa, cosa sabrosa". Es un piropo que equilibra el aspecto físico con el sentimental.

"No hay mejor amigo que un buen libro". El libro nunca duerme, siempre está dispuesto a servir, para solucionar las dudas.

"No hay peor enemigo que el que está escondido". El Hipócrita es un verdadero peligro, porque cuando acecha encuentra a su víctima desprevenida y la sorpresa resta mucho talento para defenderse.

"Parece novia de pueblo". Expresión alusiva a una mujer que no sabe ataviarse.

"Pesa más que un matrimonio obligado". El matrimonio trae responsabilidades y se hará más difícil si esta decisión ha sido presionada.

"Son como el agua y el aceite". Dícese de las personas o situaciones diametralmente opuestas.

"Vale lo que pesa en oro". Dícese de una persona que tiene muchas cualidades.

"Vale más los amigos que la plata". En cualquier momento y circunstancia, los amigos verdaderos son invaluables.

"Vale más el collar que el perro". Algunas veces los esfuerzos que se hacen, en cualquier labor resultan fallidos.

"Vale menos que un billete de tres pesos". Este refrán se aplica para denotar q no vale nada.

Hábitos

Más consentido que mozo de guisandera.

"Amanece tan disgustado, como si desayunara con caldo de alacranes". Pondera la situación que deben afrontar, las personas que comparten la vida con otras de mal genio.

"Baila más que un trompo con diez varas de pita". Se aplica a la habilidad de ciertos bailarines.

"Baja como gato en reversa". Significa la suma molestia que ocasiona, aceptar algunas circunstancias obligatorias.

"Bebe más que macho asoleado". Indirecta que critica la actitud desordenada de una persona dedicada al vicio de la bebida.

"Camina a paso de morrocoy". Sirve para explicar la negligencia con que obra una persona lenta.

"Burro mañanero busca a su compañero". Se aplica a las personas que tienen costumbres comunes y se asocian para compartirlas.

"Chilla más que un costalao de pollos". Algunas personas aprovechan cualquier circunstancia para quejarse por todo.

"Come más que la plata al veinte". Se refiere a personas tan glotonas que resultan costosas.

"Come más que una llaga". Es una forma de censurar a la persona insaciable y glotona.

"Da más agua una puntilla". Expresión con la cual se critica a una persona muy tacaña.

"Da más vueltas que un perro antes de echarse". Es una indirecta para las personas que se demoran demasiado en tomar una decisión.

"Duerme más que perro chiquito". Se aplica a la gente perezosa.

"Duerme más que un lirón". Se aplica a las personas perezosas que pasan demasiado tiempo en la cama.

"El que come poco y bien, vive mucho mejor". Significa que el mejor medio para lograr longevidad y conservar la salud, es ingerir pocos y buenos alimentos.

"El que es buen hijo, es buen marido". La experiencia testifica esta expresión.

"El que es malo en casa, es malo en todas partes". Las costumbres adquiridas en casa son un sello indeleble. De ahí que casi siempre, los buenos hijos son personas íntegras.

"Es más seca que una piedra". Expresión exagerada para hacer alusión a una delgadez inusual o insensibilidad.

"Es más útil que timbre en un cementerio". Indirecta que resalta la ineptitud de algunas personas o circunstancias.

"Habla más que una lora borracha". Dícese de una persona que es muy parlanchina.

"Habla más que una lora mojada". Dícese de una persona que habla mucho.

"Habla más que un maestro de escuela". Exagera la actitud locuaz de algunas personas.

"Habla más que un perdido cuando aparece". Es una aguda comparación que se aplica a las personas que hablan demasiado.

"Largo y ligero, para que parezca extranjero". Dícese de las personas que hacen las cosas por salir del paso.

"Hace fuerza como un quebrado". Significa que no hace nada, no se esfuerza para hacer nada. Porque una persona herniada no puede hacer ningún esfuerzo, sin que su salud corra graves riesgos.

"La puerta gira en sus dos bisagras y el perezoso en la cama". La pereza es un mal hábito que trae funestas consecuencias.

Más soplao que un sapo...

Más arreglada que altar de corpus.

"Es más sucio que vestido de deshollinador". Indirecta que critica el deplorable estado de desaseo y desorganización en que se halla alguna persona.

"Mano bien lavada, salud bien guardada". Los hábitos higiénicos, son la mejor garantía para tener excelente salud.

"Le gusta más la gorra que el sombrero". Dícese de las personas que actúan como verdaderos zánganos, siempre a expensas de los demás.

"Más demorado que parto e' mula". Significa que está muy retardado.

"Más despaciosa que una tortuga". Que se hace notorio por su excesiva lentitud.

"Más desacreditado que los fósforos de palito". Explica la poca confiabilidad que merecen algunas personas, debido a su mala reputación.

"Más desagradecido que un gato". La gratitud trae nuevos beneficios, sin embargo, existen personas ingratas que fácilmente se olvidan de los favores recibidos.

"Más frío que nariz de perro". La nariz del perro permanece húmeda y fría, excepto cuando está enfermo. Significa que está muy frío.

"Más ladrón que el río". Dícese de una persona muy pícara y atrevida.

"Más ladrón que una romana de palo". Se aplica como sátira para las personas pícaras, que se quedan con lo ajeno.

"Más metido que la falda de la camisa". Dícese de las personas con notoria indiscreción, que viven en trance de intervenir en asuntos que no les corresponden y son amigos de dar opiniones no solicitadas.

MÁS PERDIDO QUE
EL CHULO DEL DILUVIO

LO QUIERE MÁS QUE
SI LO HUBIERA
PARIDO....

"Más metido que chingue de lavadora". Hay personas que sin llamarlas se inmiscuyen en todo y causan fastidio.

"Miente más que un oráculo". Se aplica a las personas que dicen muchos embustes.

"Sale más que el carro de las paletas". Explica que la persona permanece fuera de casa.

"Tan ordinario como un burro comiendo ponqué". Satiriza a las personas que no saben comportarse según la ocasión.

"Tan puro al diablo y sus hechuras". Significa que una cosa quedó muy mal hecha.

"Tiene la letra como patas de araña". Significa que tiene rasgos caligráficos poco legibles.

Actitud

"Es mucho ruido y pocas nueces". Dícese de las personas que pregonan demasiado, logros pequeños.

"Es tan bueno que parece bobo". Cuando la gente es en extremo bondadosa, existen personas indelicadas que abusan y se aprovechan de ellas.

"Es tan negativo que seca hasta un papayo". Dícese de las personas que son negativas en sus actos y pensamientos.

"Está como perrito con gusanos". Explica la angustia que padecen algunas personas, ante situaciones adversas.

"Está como picao de las culebras". Pondera la actitud enfurecida de una persona.

MÁS INCÓMODO QUE 3 EN
EL ANCA DE UN bUrro...

LO hace con alas de CUCaRAchA

"Estoy más triste que gallinero sin gallo". Manifiesta que se halla desmotivado, sin estímulo.

"Es un caldo como para levantar muertos". Significa que es un caldo muy nutritivo, alimenticio, que levanta el ánimo.

"Es voltiarepas, pone una vela a Dios y otra al diablo". Se dice esto, cuando alguien quiere contemporizar con dos personas a la vez, para sacar provecho de ambas.

"Guapo como el guarapo, valiente como el aguardiente". Algunas personas son fuertes y tesoneras.

"Llegó como una sopa". Explica que llegó muy mojado, generalmente después de un aguacero. Otro significado es una persona muy cariñosa.

"Más aburrido que un sordo en un velorio". Se dan situaciones tan tediosas que molestan y hastían.

"Más arrastrada que una culebra". Significa que reptar como las serpientes es denigrante y a esto se comprometen ciertas personas para conseguir algunos objetivos.

"Más arrecho que un pollino enamorado". Dícese de la persona terca y empecinada. (arrecho: significa, tesonero o disgustado).

"Más asustada que cucaracha en baile de gallinas". Es muy afortunada la comparación, para describir el miedo que algunas personas tienen a otras.

"Más brava que una culebra desenroscada". Hace alusión a una persona que está muy disgustada.

"Llegando a rasguñar, lo mismo es gata que gato". Para causar daños lo mismo es hombre que mujer.

MÁS DIFÍCIL QUE MATAR UN
gato a CONSEJOS...

LE GUSTA MÁS LA GORRA
QUE EL SOMBRERO.

"*Logró más palo que gata ladrona*". Se aplica a la persona que fue pillada en falta y se le aplicó severo castigo.

"*Más contón que tufo de amanecido*". Hay situaciones que por sí solas delatan.

"*Más cojo que la patasola*". Indirecta para la persona a la cual se le nota mucho el defecto de renguear.

"*Más cortante que cuchillo de esperlinchador*". Se aplica a personas con lengua tan tajante que apabullan y dejan mudos a sus interlocutores. (esperlinchador: persona que trabaja en el negocio de las carnes).

"*Más dañado que agua de florero*". Que tiene actuaciones perversas.

"*Más de malas que el que se cayó de para atrás y se pegó en la frente*". Muy de malas, desdichado, infeliz.

"*Más de malas que el que echó a asar la vela y se quemó hasta el pabilo*". Pondera la situación difícil de alguien y para completar la desventura, el problema empeora.

"*Más desigual que pelea de tigre con burro amarrao*". Las contiendas en las cuales, los contrincantes son muy desiguales dan como resultado victorias injustas.

"*Más difícil que cuadrar doce micos para una foto*". Para conseguir algunos logros, es necesario un esfuerzo supremo.

"*Más discurre un hambriento que cien letrados*". Cuando las dificultades acosan al hombre, éste se vuelve ingenioso porque la necesidad hace la habilidad.

"*Más doloroso que golpe en una espinilla*". Existen sufrimientos supremos, comparables con aquellos que se sienten en carne propia.

"Más dormida que una pata hinchada". Significa que existen personas demasiado tranquilas y pusilánimes.

"Más dulce que fruta de huerta ajena". La prohibición siempre sirve de tentación.

"Más duro que sancocho de gallina vieja". Dícese de algo cuando está demorado.

"Más duro que una calavera". Existen personas torpes en su obrar. Por mucho que se les enseñe, no aprenden.

"Más encartado que una gallina criando patos". Destaca las grandes dificultades que deben afrontar las personas en algunas situaciones para las cuales no estaban preparadas.

"Más enconoso que uña de gato". Advertencia para que no tengan tratos con personas indeseables.

"Más enredao que letra e' médico". Significa que no se entiende, poco legible.

"Más enteco que gato cenizoso". Que está muy esquelético y desmirriado.

"Más estirao que el perro de Copetrán". Dícese de las personas que aparentan más de lo que son. (Copetrán: empresa transportadora en Colombia).

"Más incómodo que tres en el anca de un burro". Significa que es desagradable soportar una situación incómoda.

"Más incómodo que viajar purgado". Hay situaciones y personas por demás desagradables y fastidiosas, sólo comparables con esta circunstancia.

más desigual QuE
peLea de TiQRE
con buRRo amaRRado

"Más incómodo que viajar sentado en un bulto de alambre". Al verificar en nuestra mente esta expresión, comprendemos la dimensión de ciertas incomodidades que deben soportar algunas personas.

"Más sordo que el que no quiere oír". Demuestra cómo las personas tercas no admiten ninguna clase de sugerencias.

"Más sordo que el perro de La Víctor". Hace alusión al perrito que traía la marquilla de esos discos. Explica que es un sordo incurable; lógico que el perrito en mención nunca se inmute ante alguna estridencia, como suele acontecer a algunas personas.

"Más terco que la mujer del tijereto". El tijereto no admitía que lo llamarán de esta manera. Cada vez que su mujer lo nombraba así, se formaba una discordia; pasó mucho tiempo con las fastidiosas; pero un día, el tijereto enfurecido, echó a ahogar a su mujer y ella agonizante sacaba las manos del agua y le hacía con los dedos, la señal que significa tijereto: X. Muy terca.

"Más triste que un toche recién cogido". Da a entender que está supremamente acongojado.

"No sirve ni para taco de escopeta". Significa que no sirve para nada.

"Parece como una lanzadera". La lanzadera es un artefacto que utilizan los tejedores y que se mantiene en continuo movimiento. Se aplica esta expresión a personas muy inestables.

"Parece que no quiebra un plato y rompe toda la vajilla". Significa que la persona hace muchos daños.

"Parece que tuviera pegapega". Dícese de la persona a la que quieren mucho y por lo tanto, siempre está acompañada.

MÁS ASUSTADA QUE UNA
CUCARACHA EN BAILE
DE GALLINAS.

"Parece una mula muerta atravesada en el camino". Aplícase a las personas que no se consuelan con no hacer nada y fuera de eso entraban el trabajo de los demás.

"Pasó como un bólido". Significa que pasó muy rápido.

"Pone cara de ternero ahorcado". Denota la poca habilidad para disimular un mal momento.

"Pone cara como de yo no fui". Actitud disimulada por la q optan algunas personas, al cometer una infracción.

"Se defiende como gata boca arriba". Da a entender la forma intrépida y resuelta para protegerse.

"Se desliza más que un piojo en cabeza calva". Dícese de las personas resbaladizas que le sacan el cuerpo a todos los compromisos.

"Se duerme sacándole una muela". Se aplica a personas demasiado tranquilas, a las que no mueve ni un terremoto.

En el trabajo

"Como peluqueando bobos". Actividad u operación realizada con suma rapidez o descuido.

"Es mucha vaina y fríjol nada". Dícese de las personas que ponderan demasiado sus escasas realizaciones.

"Más amarrada que bomba de volador". Indirecta para una persona falta de habilidad.

"Más áspero que lengua de gato". Expresa la rudeza o empeño de algunas personas.

LO LLEVA COMO ASADURA
PAL CAMPO...

ESTIRA MÁS QUE UNA CAUCHERA DE ALAMBRE.

"Más atrás que bola e' gato". Explica en forma muy gráfica, la posición de algo y otro significado es el nivel de algunas personas con respecto a otras.

"Más atravesado que la iglesia de Vélez". Dícese de la persona caprichosa que no recibe ninguna clase de sugerencias y que trabajando en equipo no deja evolucionar y para cualquier proceso.

"Más cerrado que una tapia". Pondera la torpeza que caracteriza a algunas personas.

"Más vale ser cabeza de ratón que cola de león". Es mejor ser lo principal de algo pequeño que lo insignificante de algo grande o poderoso.

"Más verde que una lora en un pastal". Hace alusión a personas que tienen poca experiencia.

"Más miedoso que perro blanco". Es una sátira para la gente cobarde.

"Más necio que pisco en un cebollal". Existen personas muy tercas.

"Más necio que pisco en un batatal". La persona testaruda es un verdadero lastre en la vida de cualquiera.

"Más necio que un burro entero". Dícese de las personas torpes que se comportan como verdaderos insensatos, ignorantes, incapaces e imprudentes.

"Más serio que un bulto e' leña". Hay personas tan hurañas, que con sólo mirarlas, impresionan negativamente.

"Más sigiloso que gato en cacería". Se aplica a las personas cautelosas.

"Más soplao que un sapo". Explica el mal genio que manifiestan algunas personas ante situaciones adversas.

"Ni raja, ni presta el hacha". Es una indirecta para una persona, que no trabaja, ni deja que los otros lo hagan.

ESTÁ MÁS ENCULEBRADO
QUE SI DIOS QUIERE...

"Parece un ratón de biblioteca". Dícese de una persona muy dedicada al estudio.

"Pasa más trabajos que morrocoy boca arriba". Se aplica a personas que pasan muchos sinsabores.

"Según el burro es la enjalma". Todas las cosas deben ser proporcionadas.

"Se hace el de la vista gorda". Significa que se hace el que no se da cuenta.

"Se hace el de la oreja gocha". Dícese del que finge, no entender las cosas que no le convienen.

"Se hacen los de pénjamo". Es una indirecta para las personas que se hacen las desentendidas.

"Se las da de sapo con baticola". Significa que es muy fanfarrón y orgulloso, sin tener bases en que fundamentar su ostentación.

"Sentirse como gallina en un corral de patos". Se aplica a ciertas situaciones en las cuales, algunas personas se sienten muy incómodas.

"Tan rápido como en un santiamén". Es decir se realizó la actividad rápidamente.

"Tiene más puestos que un bus de Copetrán". Indirecta para las personas que desempeñan muchos cargos a la vez.

"Tiene más vueltas que un cacho". Pondera lo fastidioso de la tramitología.

"Trabaja más una pala empeñada". Ironía que critica a la gente holgazana.

"Trabaja más que un gorgojo en un riel". Expresión que satiriza a las personas perezosas, alérgicas al trabajo.

TIENE LA LENGUA COMO LA de LAS JIRAFAS...

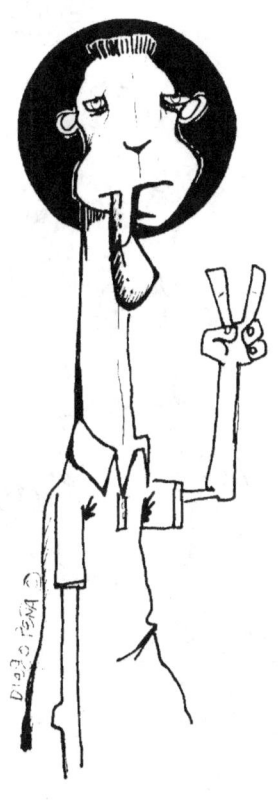

ES TAN FEA QUE NO LE
FALTA SINO LA ESCOBA

"Cada cual como Dios lo hizo, la banda y la cola lisa". Es una indirecta para las personas criticonas.

"Cara de beato y uñas de gato". Sátira para los hipócritas.

"Chiquito pero cumplidor". La estatura no es impedimento para ser responsable.

"El hombre es como el oso, entre más feo más hermoso". Explica que la belleza en el hombre es una cualidad secundaria.

"Es más bajita que barriga de morrocoy". Significa que es persona de pequeña estatura.

"Es más chiquito que un mismís". Esta expresión minimiza el tamaño en exceso.

"Está más pasao que una vela". Resalta el aspecto descuidado y casi enfermizo de algunas personas.

"Está como macho e'viuda". Significa que presenta un aspecto muy descuidado.

"Más arreglada que altar de corpus". Indirecta para mujer ataviada en exceso.

"Más blanca que cucaracha de panadería". Indirecta para una mujer que está maquillada en exceso.

"Más feo que un canasto boca abajo". Existen algunas circunstancias que fastidian por su fealdad.

"Más feo que beso de boba". Significa que no tiene gracia.

"Más feo que el rabo del marrano". Existen circunstancias tan desagradables que bien se pueden comparar con la parte anatómica del animal en mención.

"Más feo que madrugar a fiar". Supone el bochorno que pasan las personas al optar por tal circunstancia.

"Más feo que una noche oscura y lloviendo". Es una sátira que hace alusión a una fealdad fuera de lo común.

"Más feo que un carro por debajo". Se aplica a personas o cosas carentes de belleza o estética.

"Más flaco que el gallo de la pasión". Significa que está muy delgado.

"Más forrado que un trueno". Dícese de la persona que se viste con mucha ropa; demasiado abrigada.

"Más hediondo que almizcle de comadreja". Sátira para comparar un fétido olor con la sustancia mencionada.

"Más jorobado que un camello". La explicación es muy gráfica.

"Más negro que un carbón". La comparación es obvia.

"Más pálido que un muerto". Dícese de las personas de muy mal semblante.

"Más pecoso que un huevo de pisca". La comparación es obvia.

"Más pelao que sobaco de rana". Es una indirecta para ironizar el estado de suma pobreza o apariencia de una persona sin cabello.

"Más rucio que un gato canoso". Expresa que la apariencia descuidada causa desprestigio.

"Más sucio que zapato de ciego". Se aplica a personas muy descuidadas en su presentación personal.

TIENE FUERZA COMO UN BURRO.

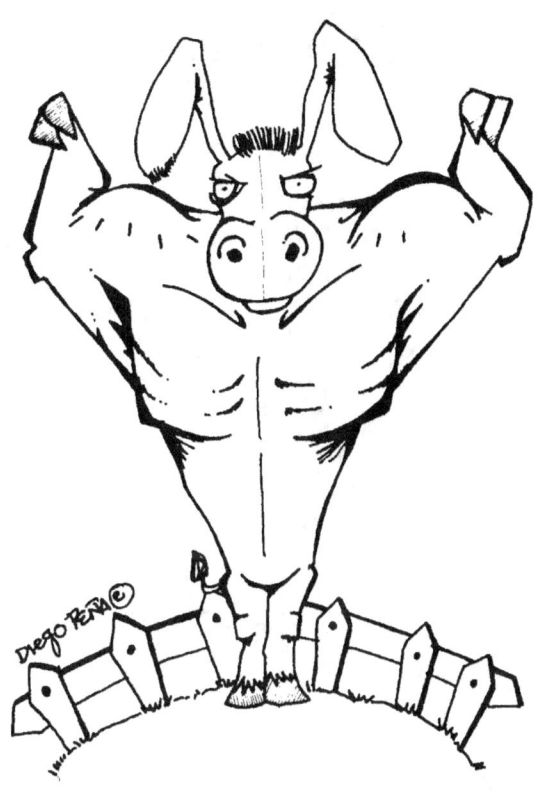

"No hay bonito sin su pero, ni feo sin su gracia". Toda persona posee atributos.

"Parece novia de pueblo". Expresión alusiva a una mujer que no sabe ataviarse.

"Parece virgen de pueblo". Dícese de las mujeres que se dejan crecer demasiado el cabello.

"Por el interés, lo más feo hermoso es". Indica cómo influye el interés en el criterio y en los actos de los demás.

"Tiene la cabeza como bola e' billar". Es una forma de decirle calva, a una persona que tiene muy poco pelo.

"Tiene más carnes un zancudo". Explica que esa persona está muy delgada.

"Tiene más muelas que una pelea de perros". Forma de resaltar el que una persona tenga sus molares muy grandes y vistosos.

"Tiene más pelos una calavera". Comparación para expresar, carencia del pelo.

"Tiene más piernas una foto e' carné". Es decir que tiene las piernas muy delgadas.

ES MÁS CHIQUITO QUE UN MISMIS...

Comportamiento

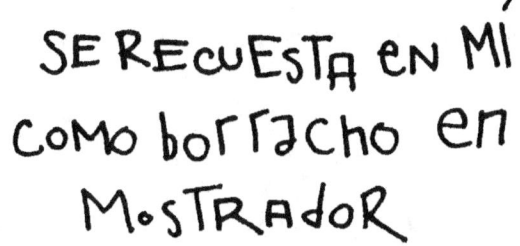

"Acosa más que el hambre". Que presiona demasiado.

"Acosa más que Miguel Angel". Curiosa expresión popular actual, para satirizar a las personas un tanto incómodas.

"Acosa más que novia fea". Aplícase a las personas que presionan demasiado para conseguir algo.

"Corre más que marrano cuando va a llover". Explica que hay personas a las que de pronto les da por correr o apurarse.

"De lo puro bueno es feo". Cualquier circunstancia extrema, fastidia y hastía.

"Duele más que patada de burro manso". Existen sufrimientos muy intensos.

"El buey manso, da cornada fuerte". Las personas muy tranquilas y bondadosas, cuando se disgustan tienen reacciones impredecibles.

"Es como perro de toda boda". Indirecta para una persona demasiado popular, que se encuentra en todas partes.

"Es como puñalada de pícaro". Advierte el grave peligro a que se expone, el que intima con gentes de mal proceder.

"Es como quitarle un pelo a un reloj". Es quitarle todo, porque el reloj tiene un solo pelo.

"Es como sacarle capul a una calavera". Existen objetivos imposibles de conseguir.

"Es como un aljibe". Dícese de las personas o los animales que orinan mucho.

"Es como volcán de energía". Dícese de la persona alegre, fuerte y llena de positivismo.

"Ese es un solo chorro de babas". Se aplica a las personas que no tienen gracia.

"Ese, regalao es caro". Lo que aparenta obtenerse de manera fácil a modo de presente puede contener una segunda intención que termina siendo pagado de otra manera y con mayor valor.

"Ese tiene cara como de velorio". Dícese de la persona que está demasiado seria.

"Es más amargo que la retama". Existen penas tan hondas que causan desconsuelo y tribulación.

"Es más amargo que la hiel". Existen problemas que atormentan en extremo la existencia.

"Es más asomao que mosco en vaso de leche". Significa que hay personas entrometidas.

"Es más ladrón el que ataja que el que enlaza". La persona encubridora tiene peor culpa que la que ejecuta el ilícito.

"Eso es pelea de toche con guayaba madura". Explica que un conflicto entre contendores desiguales, da una victoria injusta.

"Está como ratón en trampa". Significa que se halla muy asustado.

"Es mejor ser olla que tapadera". Indirecta para las personas alcahuetas, encubridoras.

"Está de color de burro en carrera". Significa que es una situación muy difícil de resolver.

"Está de color de hormiga". Se aplica a situaciones delicadas, que para ser resueltas se requiere de cuidado y atención.

"Está más tapado que verruga de reina". Hay personas que pueden ocultar muy bien sus defectos y errores.

se desliza mas
que piojo en cabeza
CALVA...

Es más asomado que
Mosco en vaso de
Leche...

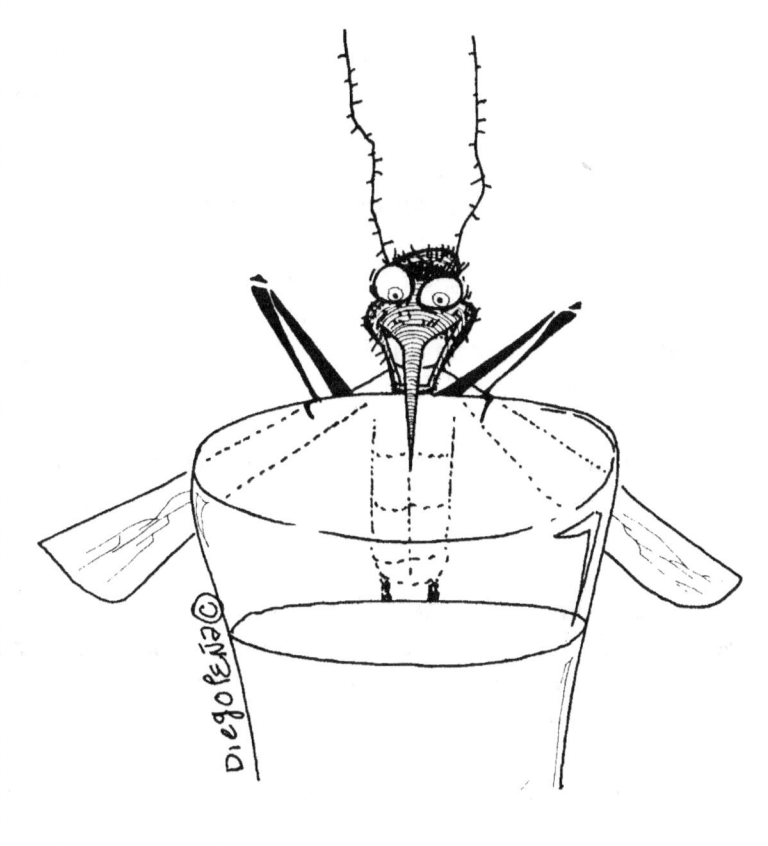

"Está más templado que cuero de redoblante". Da a entender que está muy difícil.

"La envidia es como la hiel, todo lo amarga". El pesar del bien ajeno, es una enfermedad que contagia todo lo que toca. Será por eso que a la envidia la pintan pálida, flaca, ojerosa, con hiel en las venas y veneno en el corazón.

"Hace más daños que un mico en un pesebre". Se refiere a las personas que hacen muchos perjuicios a las demás.

"Hace más promesas que un político". Así como están las cosas, la expresión es por demás explícita.

"Más caliente que la braqueta de un herrero". Pondera lo abrigado que puede estar algo que se halla tan cerca del fuego.

"Más caliente que picao e' culebra". Explica la soberbia con que actúan algunas personas, ante ciertas circunstancias.

"Más caliente que una negra en un baile". A los morenos se le atribuyen cualidades eróticas especiales; también hace suponer que la danza excita y de paso compara esta característica con la que suelen poseer otras personas.

"Más cansón que dos en un taburete". Pondera lo fastidiosa que puede resultar esta circunstancia, tanto o más que algunas personas.

"Más cansón que una papaya debajo del brazo". Llevar este fruto debajo del brazo implica un esfuerzo muy incómodo, comparable con la molestia que causan algunas personas o situaciones.

"Más cansón que un coto". Hay circunstancias tan molestas que pueden compararse con la fatiga ocasionada por la hipertrofia de la tiroides.

"Más falso que una moneda de a centavo". Existen falsedades por demás evidentes.

Ríe más que una caja
de dientes en una
vitrina...

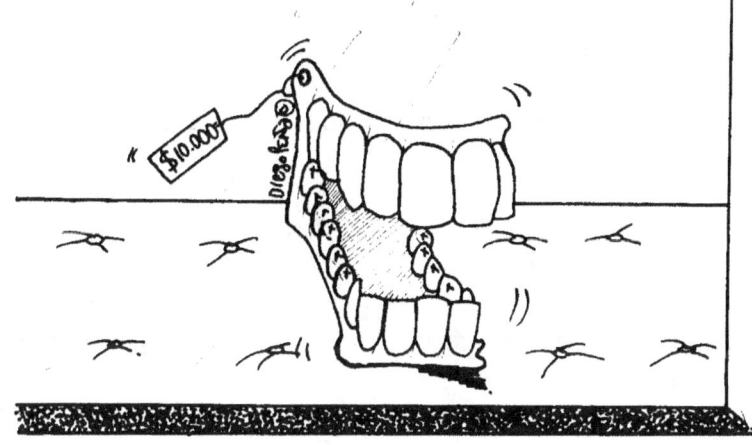

"Más falso que un billete de cuero". Dícese de las personas mentirosas en extremo.

"Más falso que un billete de tres pesos". Pondera la existencia de falsedades muy evidentes.

"Más flojo que perro blanco". Es una indirecta para las personas que ante cualquier mal o dificultad se doblegan y no aportan casi nada.

"Más hace el que quiere, que el que no puede". La voluntad es parte esencial de las acciones.

"Más juguetón que perro chiquito". Existen personas que pierden mucho tiempo en actividades que no reportan provecho.

"Más liso que una sardina". Pondera la actitud de ciertas personas, que no se dejan endilgar obligaciones.

"Más liso que un pescado". Explica que es una persona muy difícil de responsabilizar.

"Más loco que una cabra". Enseña que es una persona poco equilibrada, falta de reflexión.

"Más loco que un saco de gatos". Explica que una persona es muy falta de seso.

"Más lleno que mozo de cocinera". Encarece en forma perspicaz este acontecer cotidiano. Describe gráficamente notorias preferencias.

"Más malo que Caín". Se dice de la persona que obra con excesiva perversidad.

"Más malo que el que le pega a la mama". De la persona irrespetuosa con la mamá, se puede esperar cualquier cosa.

"Más malo que carne de cabeza". La carne a la que se hace alusión, es de segunda clase. Por supuesto, ser así, no es lo mejor.

"Más malo que la carne de marrano". Ingerir la carne de este animal cuando no es garantizada, trae funestas consecuencias para la salud de las personas. Por consiguiente, lo malo implica peligro.

"Más ordinario que llevar un enfermo en zorra". La circunstancia aludida implica ciertos cuidados, que descartan de plano este medio de transporte. (zorra: medio de transporte rústico).

"Más ordinario que ataúd con calcomanías". Que es muy ordinario.

"Más ordinario que ataúd con pasa cintas". En extremo tosco.

"Más ordinario que morcilla dietética". Es una indirecta para personas, que están fuera de lugar o de contexto.

"Más ordinario que pañuelo de coleta". La coleta es tela burda que se usa para otros menesteres, menos para hacer pañuelos, porque maltrataría la nariz. Esta expresión sugiere el mal que puede causar el trato con personas desagradables.

"Más ordinario que una banda de guerra con guitarra eléctrica". Dícese de las personas que se distinguen por la ordinariez.

"Más ordinario que entierro en volqueta". Dícese de algo ordinario en exceso.

"Más ordinario que un marrano de paso". El señorío más las costumbres que se aprenden en un ambiente, no se pueden improvisar.

"Más ordinario que vallenato con partitura". Muy ordinario.

"Más peligroso que un barbero con hipo". Es un verdadero riesgo, relacionarse con personas poco diestras.

QUEDÉ COMO BOBO
SIN MAMÁ.

ESE ES UN SOLO CHoRRo
de bAbAS...

"Más peligroso que un caldo de agujas" explica la desconfianza que se le tiene a una persona de mal proceder.

"Más peligroso que cogerle las tetas a una mula". Significa que tener tratos con personas comprometedoras, es arriesgado.

"Más peligroso que una aguja en un tamal". Existen personas y circunstancias muy riesgosas, que llevan peligros implícitos.

"Más peligroso que una balacera en un ascensor". Tan riesgoso como lo anterior sería tener tratos con una persona de mala índole.

"Más peligroso que un chocolate crudo". Las funestas consecuencias que trae ingerir un chocolate mal hervido, son comparables con los males que pueden acarrear los tratos con alguien de mala entraña.

"Más peligroso que un costalao de alacranes". Es una persona cuyo trato sólo implica inseguridad. (costal, bolsa hecha de cabuya q se usa para transportar las verduras y legumbres del campo a la ciudad).

"Más peligroso que un inodoro con pirañas". El peligro implica miedo y desconfianza, sensaciones experimentadas ante determinadas personas o situaciones.

"Más peligroso que un mico con una cuchilla". Significa el riesgo que corre el que trata con personas malvadas.

"Más peligroso que un loco con una escopeta". Existen personas que por su irreflexión y falta de tino en el obrar, se convierten en una verdadera amenaza.

"Más peligroso que un sancocho de tachuelas". Existen personas y circunstancias muy riesgosas.

"Más perdido que el chulo del diluvio". Es una sátira para las personas desordenadas e incumplidas, carentes de responsabilidad.

PESA MÁS QUE UN MATRIMONIO OBLIGADO.

Es como los gatos: LE
gusta Dormir de Día...

"Más perdido que el hijo de Límber". Significa que no tiene idea de la ubicación en la cual se encuentra.

"Más pingo que un ocañero". Significa que es falto de astucia. (pingo, expresión tradicional hacia una persona en la región de Santander en Colombia).

"Más prendido que un pesebre". Dícese de las personas que están pasadas de tragos.

"Más rápido cae un mentiroso que un cojo". Enseña que las mentiras son descubiertas en forma rápida.

"Más remendado que bolsillo de loco". Pondera la extrema pobreza de una persona.

"Más reventao que botón de chaleco". Se aplica a una persona que ha sufrido muchos sinsabores en la vida.

"Más tapao que una caja de sardinas". Se dice de una persona muy torpe, que no entiende.

"Más tocada que la guitarra de Gardel". Expresión despectiva al respecto de una mujer poco recatada.

"Más trabado que un bulto de anzuelos". Se aplica a las personas que tienen gran dificultad para expresarse en forma rápida.

"Más trabao que un HO". El HO era un revólver que se demoraba para disparar y se trataba con frecuencia. Por lo tanto se aplica esta expresión a las personas carentes de habilidad para expresarse.

"Pide más que deme". Hace referencia a las personas que tienen la costumbre de pedir.

"Pide más que gato en un picadero de carne".

Más sudado que una mula...

"Quedó como mosco en leche". Denota que no pudo pasar desapercibido, por el contrario, se notó mucho.

"Quedó como venado alumbrado con linterna". Hace alusión a algo que lo sorprendió hasta el punto de quedar encandilado.

"Salió como escupida de bobo". Que la persona salió facilito, rápido y sin ninguna dificultad.

"Salió como rueda de cohetón". Indica que salió muy rápido.

"Salió como un tiro". Que salió con demasiada rapidez.

"Salió como volador sin palo". Denota que salió sin dirección.

"Se mueve más que un zarando". Hay personas que al caminar, mueven en exceso su cuerpo.

"Se ríe más que una caja de dientes en una vitrina". Algunas personas suelen tener la costumbre de reírse en forma permanente.

"Se siente como pez en el agua". Pondera que vive a plenitud y confortablemente.

"Tiene más faltas que un juego de pelota". Pondera el sinnúmero de defectos que tiene una persona.

"Al perro flaco, todo se le vuelven pulgas". Cuando las personas están de malas, les llegan todas las penas.

"Al mejor cazador se le va la liebre". A la persona más perfeccionista se le puede pasar un error.

"Al mejor cazador se le va la pava". A la persona más experta se le puede pasar un detalle.

"Al mejor peluquero se le queda un pelo". Dícese que las personas muy eficientes, también cometen errores.

"Anda más que una mala noticia". Las malas nuevas son las primeras que llegan. Se aplica a las personas inoportunas que en todas partes se inmiscuyen.

"Anda más que la luz". Que camina mucho.

"Como puñalada trapera". Mortal peligro afrontará el que se meta con personas perversas.

"Como canta el cura, responde el sacristán". Los subalternos siguen el ejemplo de sus superiores.

"Como se vive se muere". Cada cual es artífice de su propio destino y éste es un continuo prepararse para entregar un día la cuenta definitiva.

"Conforme es el equipaje, es el pasajero". Es notorio que pueda deducirse la calidad de una persona, por los elementos que lleva y por la forma de mantenerlos.

"Creen que la chicha es mazamorra". Ironía para criticar a las personas que se hacen las confundidas.

"El mejor escribano, echa un borrón". Hasta la persona más preparada se equivoca.

"El peor perico se come la mejor mazorca". Se aplica a personas que sin merecer tienen buena suerte.

"El peor puerco se come la mejor bellota". Con frecuencia, gentes sin cualidades alcanzan los mejores galardones.

"El que más mira, menos ve". Hay personas que tanto quieren observar, que su atención se dispersa y pasa por alto lo más importante.

"El que no es agradecido, no es bien nacido". La gratitud es un don que no lo posee todo el mundo.

"El que tanto escoge, a lo peor se va". Las personas quisquillosas no se quedan con lo mejor.

"El que no sabe es como el que no ve". La ignorancia impide al hombre, gozar de las oportunidades que le da la vida.

"El tigre no es como lo pintan". Existen personas y circunstancias a las que se les teme por la fama que poseen y al conocerlas de verdad, las apreciaciones varían en forma radical.

"Entre más cerca, más lejos". Cuando muchas personas intervienen en un mismo asunto, en cambio de agilizar entraban el trabajo.

"Es como coser y cantar". Aplícase a las cosas que se pueden hacer con suma facilidad.

"Es como pedirle peras al olmo". Cada cual da de lo que tiene, por lo tanto no podemos esperar buenas acciones de personas malvadas y viceversa.

"La oración es como un pararrayos". La oración siempre protege al que la hace con fe.

MÁS PELIGROSO QUE CO-
GERLE LAS TETAS A UNA
MULA...

COMO PUÑALADA TRAPERA

"Le viene como anillo al dedo". Le llegó justo cuando lo necesitaba.

"Le cayó como pedrada en ojo tuerto". Le salió mejor que lo que esperaba.

"Más claro no canta un gallo". Es una indirecta para las personas que parecen no entender.

"Más fácil que soplar y hacer botellas". Denota lo sencillo que resulta realizar algunas actividades.

"Más larga que una semana sin carne". Compara cómo se hace interminable el tiempo, cuando se debe afrontar una situación difícil.

"Más largo que despedida de borracho". Denotan lo interminables que se tornan algunas situaciones fastidiosas.

"Más largo que un viaje al cielo con marranos, de noche y lloviendo". Grafica lo interminable y dificultoso que resultaría un viaje con estos especímenes y en tales condiciones, adversidades sólo comparables con algunas que se deben sortear en ciertas ocasiones.

"Más vale tarde que nunca". Resulta satisfactorio llegar a la meta aunque sea tarde.

"Más vale una caña a tiempo, que un año de molienda". Los favores se deben hacer en el momento preciso, después para qué.

"Más vale un toma, que dos te daré". Es mejor recibir algo que esperar para siempre.

"Mucho dormir, causa mal vestir". Denota que la pereza empobrece.

MáS oRDiNaRio
QUE UN maRRaNo
DE PaSo...

"Mucho ayuda el que poco estorba".   Una persona entrometida causa malestar y entraba las actividades.

"Mucho miedo y poca vergüenza".   Aplícase a las personas que cometen faltas a sabiendas de que serán castigadas.

"No hay pan como el que se amasa en casa".   Las bondades que ofrece el hogar son incomparables.

"Pueblo pequeño, infierno grande".   Dicen que sobre todo en los pueblos pequeños, se enseñorea el chisme.

"Quedé como bobo sin mama".   Se aplica a la persona q ha quedado en un estado total de desamparo e indefensión.

"Razón no requiere fuerza, ni fuerza requiere razón".   Cuando la razón es poderosa se impondrá de todas maneras; la fuerza nunca ha admitido razones.

"Tras de que cotudo con paperas".   Algunas veces ocurre, que a quien se encuentra en la adversidad, se le multiplican las penas.

"Un buen hoy vale más que dos mañanas".   Las obras realizadas oportunamente tienen más valor.

"Más católico que el Papa".   Hace alusión a las personas que hacen alarde de ser mejores que las demás.

"Más oscuro que pico de loro". Significa que está en tinieblas.

ESTá COMO UN LuLo...

Felicidad

"Está más contento que muchacho estrenando zapatos". La felicidad se puede conseguir, si se disfrutan los pequeños detalles.

"Más contento que mico encima de un hormiguero". Explica que está muy feliz.

"Más contento que marrano estrenando lazo". Significa la gran alegría que embarga a una persona por un hecho agradable que le acontece.

"Más contento que ver pasar a la novia con otro". Resalta el incómodo momento que debe ser soportado por un amante en esta situación.

"Más feliz que una mirla en un cerezo". La felicidad no es esquiva a las personas positivas. La felicidad inmuniza contra las enfermedades y hay personas que con si modo de ser cautivan a todo el mundo.

"Más feliz que un bobo cuando amasa". La felicidad no se puede almacenar. Cada persona puede ser feliz a su manera.

"Más feliz que una cabra con balaca". Se refiere a la persona que se siente muy feliz y orgullosa de su belleza.

"Más feliz que un policía estrenando bolillo". La felicidad es muy relativa. Hay pequeñas cosas que en un momento determinado pueden cambiar el color de la vida.

"Más feliz que un toche en un racimo de plátano maduro". Cuando se consigue algo muy deseado, la dicha es comparable con la que experimenta el animalito en mención.

DUERME MÁS QUE
UN PERRO CHIQUITO...

Es como las luciérnagas: se levanta de noche.

EPILOGO

La comparación es uno de los procedimientos instintivos de la mente humana para adquirir una visión más limpia y contrastada de cualquier forma de realidad; juzgamos interesante bosquejar un cotejo generalizado entre el decir y el hacer cotidianos que contribuye un invaluable patrimonio cultural. En consecuencia, quedan plasmadas las vivencias de un pueblo talentoso rápido para pensar, decir, decidir y hacer.

"Cualquier parecido es mera coincidencia", tiene el acierto de hacer elegido un aspecto particularmente interesante de la vida de los pueblos: la tradición oral, reflejada en el diario devenir y esto hace multiplicar el interés que la obra ha de tener para todos.

A este libro le basta con darnos a conocer, alguna parte del habla popular con su respectivo significado pero también para lo que tales expresiones enseñan. Como porque cada lector discurra a su arbitrio, sobre Como por ejemplo "Es como los gatos, le gusta dormir de día", "Canta como un ruiseñor", "Tiene la lengua como la de las jirafas", "Es como las luciérnagas, se levanta de noche", "Le da como a violín prestado"

www.ingramcontent.com/pod-product-compliance
Lightning Source LLC
Chambersburg PA
CBHW070159290526
45789CB00002B/833